Karin Lorenz

Papa kommt!

Warten auf das Wochenende

Impressum

Texte und Zeichnungen: Karin Lorenz
Redaktion-Lorenz@gmx.de

© 2016
Herstellung und Verlag:
BoD – Books on Demand, Norderstedt

Zweite Auflage 2017

ISBN 9783741293740

Printed in Germany

Bibliografische Information der Deutschen Nationalbibliothek

Die Deutsche Nationalbibliothek verzeichnet diese Publikation in der Deutschen Nationalbibliografie; detaillierte bibliografische Daten sind im Internet über http://dnb.d-nb.de abrufbar.

Das da ist Papa.

Papa liebt gutes Essen und flache rote Autos.

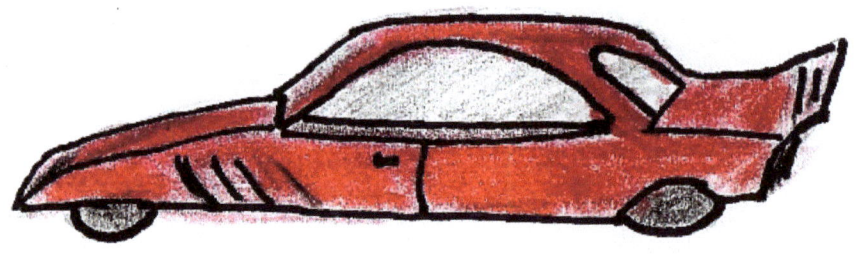

Aber am *allermeisten* liebt Papa Elias.

Elias ist *das Tollste*

was es gibt auf der Welt,

findet Papa.

Am liebsten wäre Papa jeden Tag mit Elias zusammen.

Das geht aber leider nicht.

Papa muss immer warten,

bis *Freitagnachmittag* ist.

Freitagnachmittag kann Papa Elias besuchen und dann hat er das ganze Wochenende Zeit für ihn, bis Sonntagabend.

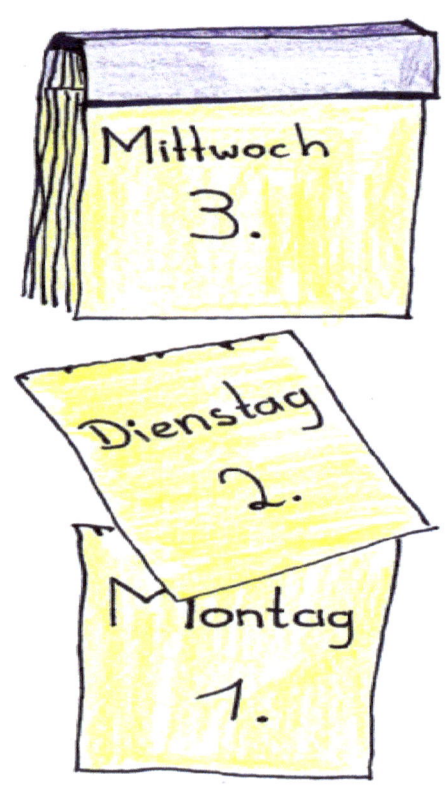

Am *Montag* ist nicht Freitagnachmittag.

Also muss Papa warten.

Papa denkt an Elias und *wartet*.

Am *Dienstag* ist nicht Freitagnachmittag.

Also muss Papa warten.

Papa denkt an Elias und *wartet* und *wartet*.

Am *Mittwoch* ist auch nicht Freitagnachmittag.

Also muss Papa weiter warten.

Papa denkt an Elias und seufzt.

Und *wartet* und *wartet* und *wartet*.

Am *Donnerstag* ist immer noch nicht Freitagnachmittag.

Also muss Papa immer noch warten.

Papa denkt an Elias. Er guckt alle Fotos an, auf denen sie beide zusammen sind.

Und *wartet* und *wartet*

und *wartet* und *wartet*.

Am Freitag wacht Papa auf, bevor der Wecker klingelt.

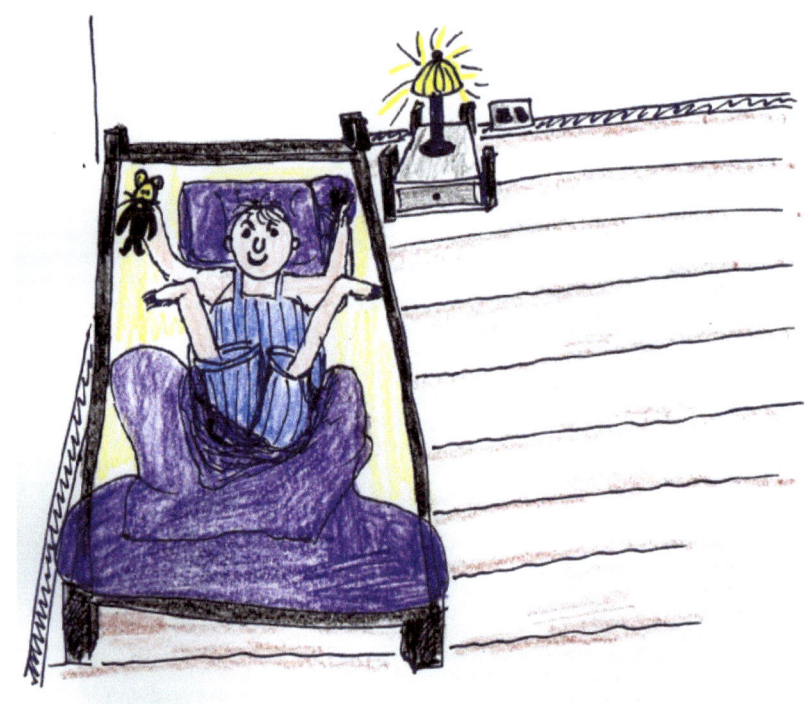

Er springt mit Schwung aus dem Bett und wirft dabei versehentlich seine Leselampe vom Nachtkästchen.

„Wo willst Du denn hin?", fragt Papa die Lampe vergnügt und es macht ihm gar nichts aus, dass sie jetzt ganz verbogen aussieht.

Denn heute ist *Freitag!*

Also ist heute Nachmittag endlich, endlich Freitagnachmittag.

Und Freitagnachmittag kann Papa Elias besuchen.

Papa pfeift fröhlich vor sich hin und sucht seine Socken. Wo stecken sie denn heute Morgen?

„*Huhu, Socken*", ruft er und guckt unter sein Bett. Unter dem Bett liegt keine Socke, aber ein alter Schnuller.

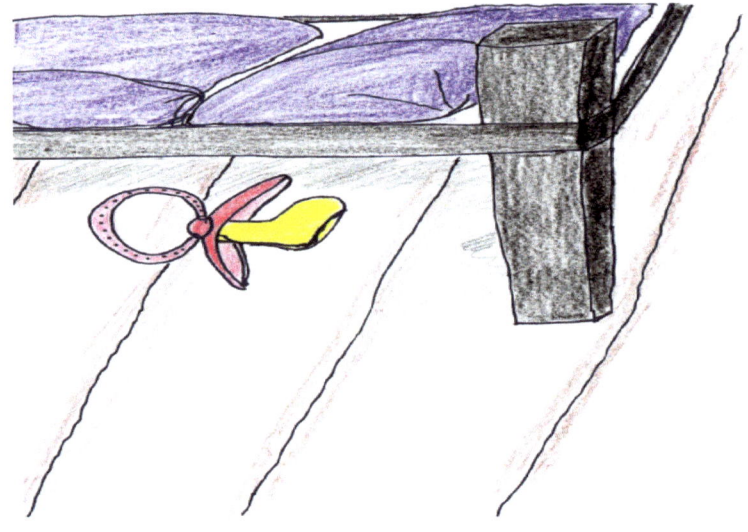

Der gehört nicht Papa.

„*Elias* Schnuller", seufzt Papa glücklich, denkt an Elias und freut sich.

„*Huhu, Socken*", ruft Papa wieder und guckt hinter den Nachttisch.

Da liegen zwei Socken, aber der eine ist *schwarz* und der andere ist *weiß*.

Papa merkt das gar nicht, *so sehr* freut er sich auf Elias.

Ganz schnell zieht er sich an.

Vor lauter Eile steigt er in das Unterhemd und zieht sich die Hose über den Kopf. Erst als er sich rasieren will und in den Spiegel guckt, merkt er, dass da *etwas nicht stimmt.*

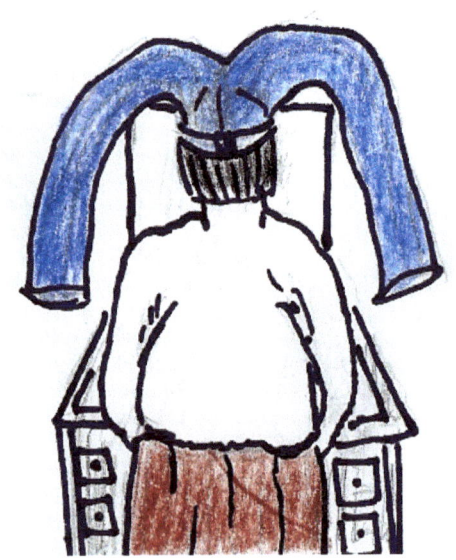

Dann verwechselt Papa den Rasierschaum und die Zahnpasta.

Mit der Zahnpasta cremt er sich die Backen ein und mit dem Rasierschaum putzt er sich die Zähne.

Beim Frühstück schmiert er versehentlich eine Portion *Senf* statt Marmelade auf sein Brot und im Kaffee landet *ein Löffel Salz*, statt Zucker.

Aber Papa merkt das gar nicht, *so sehr* freut er sich auf Elias.

Dann sucht er seine Brille. Sie ist nirgends zu sehen. Erst als Papa sich auf das Sofa setzt, findet er sie. Sie ist unter seinem Po.

Eigentlich sitzt Papa *überhaupt* nicht gerne auf seiner Brille, aber heute ärgert er sich nicht.

Weil heute ja endlich Freitag ist.

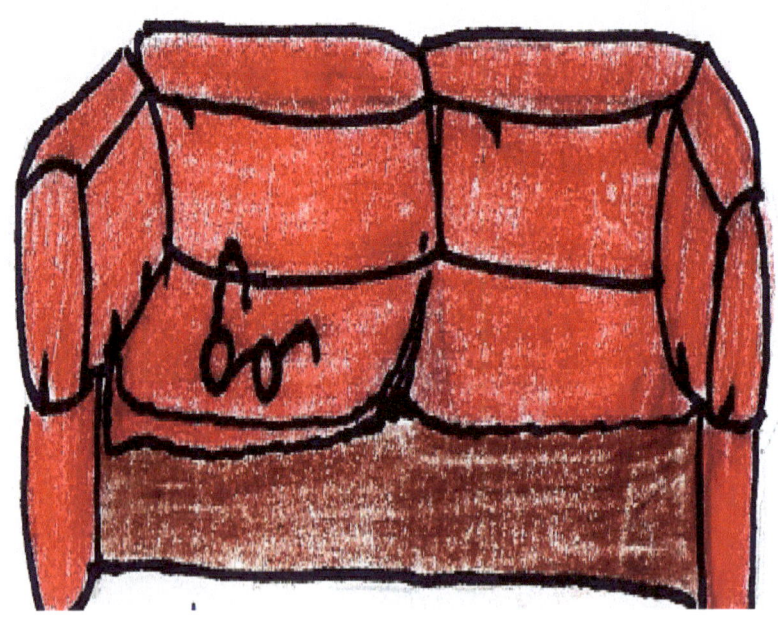

Jetzt noch rasch zur Arbeit.

Papa arbeitet heute *ganz* schnell, damit er *ganz* schnell fertig wird und *endlich* zu Elias fahren kann.

Papa tippt *so wild* auf seinem Computer herum, dass drei Tasten davonfliegen und in der Teetasse der Sekretärin *landen*.

Jetzt muss er noch mit einem Kunden telefonieren.

Er holt einmal tief Luft und redet dann so schnell er kann und das klingt so:

„WirschickenihnendieWarenächste Wochezu.Daskostetgenau100Euro machensieesgutundschönesWochen- ende!"

U*ffffff.*

Ganz außer Atem legt Papa den Hörer wieder auf.

Beim Arbeiten überlegt Papa immerzu, was er am Wochenende alles Lustiges mit Elias machen will.

Vielleicht zum Rummelplatz gehen oder in den Zirkus, auf den Spielplatz oder ins Kino?

Vielleicht sogar zur *Hüpfburg?*

Und Currywurst essen, ein Buch vorlesen oder ein Bild malen.

Ein bisschen auch Fernsehgucken und mit dem Lego-Raumschiff spielen, das Papa in seinem Wohnzimmer aufgebaut hat.

Papas Chef will wissen, ob Papa morgen auch kommt und arbeitet.

„Nein," sagt Papa ganz laut und energisch, *„ich will lieber mit dem Raumschiff spielen!"*.

Auch als der Chef ganz böse die Stirne runzelt, will Papa nicht zur Arbeit kommen.

Papa guckt auf die Uhr. Endlich ist es soweit: *Freitagnachmittag!*

Papa lässt den Kugelschreiber fallen, den er gerade in der Hand hat und klettert

über den Schreibtisch,

denn das ist der kürzeste Weg zur Türe.

Um aus dem Büro hinauszukommen, muss man entweder mit dem Aufzug fahren oder viele

Treppen hinuntergehen.

Aufzug fahren ist Papa heute zu langsam. Lieber springt er die Treppen hinunter. Immer sechs Stufen auf einmal. Das klappt so gut, dass er nach der letzten Stufe noch rasch einen Purzelbaum macht und zur Ausgangstüre hinaus auf den Gehweg kullert.

Papa klopft sich den Staub von der Hose, dann rennt er so schnell er kann die Straße entlang zu seinem Auto. Dabei hüpft er über einen Kinderwagen, der im Weg steht.

Papa fährt einen langen, langen Weg zu Elias.

Er fährt über die Autobahn, über Brücken und durch einen

Tunnel.

Papa hat ein bisschen Angst im dunklen Tunnel, aber wenn er an Elias denkt, macht es ihm nichts aus.

Er fährt sogar schneller, als die Polizei erlaubt, so eilig hat er es.

Als Papa Elias Haus erreicht, parkt er das Auto mitten auf dem Gehweg.

„Dingdong",

macht die Türglocke.

Und dann geht die Türe auf und da ist er:

Elias!